HAGA SU HOJA DE VIDA IMPARABLE

"Consigue lo que quieras"

HAGA SU HOJA DE VIDA IMPARABLE

DIEGO MARIN CHARRIS., MD

© **Autor Diego Marín Charris 2020**

Primera impresión 2020

Derechos Reservados:
Esta obra es de propiedad intelectual de su autor. Se prohíbe su reproducción parcial o total por cualquier medio sin permiso escrito del propietario de los derechos.

DEDICO ESTE LIBRO:
Al ser universal que me creo
A mi mamá, Electa
A mi hermano, Gonzalo
A mi hermano, Felipe
Maravillosos seres

Gracias

CONTENIDO

PRÓLOGO

INTRODUCCIÓN

UNIDAD

EL CURRÍCULO, LA HOJA DE VIDA.

LA ENTREVISTA.

LA AUTOBIOGRAFÍA

EPÍLOGO

PRÓLOGO

He encontrado que la felicidad del hombre va ligada a su trabajo.

De la misma manera el bienestar total (físico, mental, económico) se alcanza cuando encontramos el trabajo deseado.

La hoja de vida y la entrevista son los obstáculos a vencer.

El éxito en sortear de manera imparable este proceso de selección asegura una vida en paz.

Usted puede aplicar estas herramientas a su ser, para que el universo atraiga, esa felicidad, éxito, seguridad, confianza, y tranquilidad.

Para ayudarlo a lograr la felicidad y éxito he diseñado, este camino, esta ruta, comenzando **con una hoja de vida imparable,** desde su interior hasta el exterior.

PRÓLOGO

De esta manera, estudiamos en este libro, a fondo estas herramientas de reclutamiento y selección, confrontándolas para su uso en nuestra experiencia personal; descubrimos opciones vitales que por su coherencia y congruencia se hacen irresistibles a todo ser (reclutador).

Para terminar el proceso y hacer que este éxito, llegue a su plenitud, introduzco el presente en su vida, por medio de la autobiografía, poderoso instrumento de conocimiento y paz, dentro y fuera del trabajo.

INTRODUCCIÓN

El MOTIVO

¿Quién soy? o ¿Qué quiero hacer?

De la manera como el proceso social se desarrolla, en cualquiera de sus etapas, como se ha concebido por una estructura, de la cuál desconocemos su origen; más notoria la red en el ámbito laboral, se nos cuestiona, sobre los alcances de la experiencia que hemos tenido, y el nivel de programación logrado (educación, capacitación, formación), para desempeñarnos dentro de la matriz; circunstancia tan común, incluso desde la infancia.

Dos escenarios son una constante en este engranaje, el primero la hoja de vida, y el segundo, la entrevista, que gira alrededor de la información que hemos suministrado en el primero.

INTRODUCCIÓN

En este momento vale la pena hacer mi primera reflexión; es mayor la relevancia, y el esfuerzo que realizamos para diligenciar este documento, currículo, y su complemento la entrevista, para aplicar a una actividad humana (académica, laboral), que la dinámica consciente que dedicamos al mismo proceso, ahora orientado hacia nosotros; dicho de manera más simple y comparativa, si somos coherentes en los dos análisis, el éxito estará garantizado.

He observado en ocasiones, ante estos procesos, en donde he sido el entrevistador, el nivel de desconocimiento de nuestro ser; olvidamos información básica de nuestra vida, y debemos acudir a documentos para conformar estos ridículos formatos, y mayor el defecto, al contradecirnos en el diálogo de la entrevista, me asombro, parece que habláramos de un extraño.

Gracias a la información contemporánea, este nivel de ignorancia se ha

INTRODUCCIÓN

incrementado, ya que, podemos conformar una personalidad particular de acuerdo a la actividad que deseamos realizar (Test Psicológicos); y además, establecer parámetros de conducta creíbles para sortear el proceso; incluso, proactivamente, acudir a fuentes externas, para que la simulación, o en este caso, suplantación de nosotros, sea perfecta, en el caso que preparemos a nuestras referencias para este evento.

Al asumir esta postura de indiferencia con el individuo que somos, debemos disociarnos, para poder manifestar o expresarnos de manera contraria a lo que sabemos, a lo que pensamos, a lo que sentimos.

Esta acción mentirosa, es la que origina que en estos procesos, la mente se exprese a través del cuerpo, a través de manifestaciones somáticas, de miedo programado por el temor a ser descubiertos: Frialdad, sudoración, palidez, palpitaciones, sequedad oral, bloqueo mental, es decir, un verdadero

INTRODUCCIÓN

estado de choque, sin justificación; si confrontamos el suceso que se está viviendo, en un todo diferente a una alarma de peligro, solamente el diligenciamiento de una hoja de vida y una entrevista, sobre una persona que no conocemos y la suplantamos, o sea nosotros mismos.

Curiosamente, estas mentiras, en apariencia útiles, se constituyen en la realidad, que vivencia la mente; ésta, cumpliendo su deber, se adapta, y crea los mecanismos necesarios para conformar un ambiente, que permita al individuo hacer compatible este nuevo contexto, con su cotidianidad, alejando y abandonando más su ser.

Este desconocido, vive varias experiencias simultáneas, o roles como los designa la sociedad, que sumados, a los obligados por la convivencia en relativa paz, con otros seres, originan un grado mayúsculo de confusión, que atrae los estados de ausencia de consciencia que vive la especie humana en esta

INTRODUCCIÓN

contemporaneidad, fuente innegable de adicciones.

La evidencia más clara de este estado la ofrece el mismo ser interior, cuando la voz que la acompaña nos muestra que parecemos hipócritas al expresar quienes somos, cómo somos, qué deseamos, hacia dónde vamos; las respuestas para agradar al medio externo, en su mayoría son en un todo opuestas al sentir de nuestra alma, se siente una gran incomodidad, se tolera, por un resultado que desconoce la presencia del momento.

El mentiroso extraño, que apreciamos en el espejo donde nos aseamos, ha sido construido en sinergia por el condicionamiento social desde, la concepción, con el permiso y responsabilidad que nos corresponde, en el pequeño espacio de consciencia, que nos ofrece el programa inducido para su beneficio de consumo y esclavitud, obviamente de predominio económico, como el circulo más estrecho y dominante.

INTRODUCCIÓN

Este individuo desconocido, tendrá la creencia inconsciente, de haber logrado alcanzar una personalidad sólida a determinada edad, con rasgos que lo definen, gustos, preferencias, identidad, carácter, temperamento, genio, estilo. Etc. Esta apreciación es cierta, así se conforma el homo sapiens, desde la perspectiva del sistema, no desde el ser, afirmo en mi sentir.

Este hombre sujeto, cree saber quién es, y que quiere hacer en la dinámica de la existencia social, a pesar de lo cual, pocas veces se llega a esta coherencia, lo corriente es la vía de lo residual, la de menor resistencia, por la desatención, descuido, hasta negligencia en el respeto de nuestro ser interior, y esas creencias, desaparecen ante el primer impase vital.
Por ejemplo, abogados trabajando como taxistas; médicos como congresistas; jóvenes profesionales en Call Centers; y muchos otros de empleados públicos, en todas las jerarquías e instancias, con evidente aburrimiento y desgano por esa

INTRODUCCIÓN

falta de coherencia que hemos venido demostrando.

En dicho sentido, recuerdo el caso, de un hombre que descuidaba su ser:

> El caso correspondía a un ingeniero mecánico que se desempeñaba en la venta de repuestos de automotores de alta gama; individuo que por casualidad conocí en un show de comedia en el teatro, en donde el humorista estrella, al azar en el desarrollo de su espectáculo, lo atrajo al escenario, y le preguntó sobre su trabajo, se burló de él, para el show, y lo cuestionó sobre otros gustos de vida, este improvisado sujeto ingeniero, indico que le fascinaba el canto e interpretar la guitarra; el comediante hizo una pausa, y le dio la oportunidad de hacerlo frente a su público, con una instrumento de los músicos que lo acompañaban, el improvisado cantante lo hizo maravillosamente, tanto al cantar, como al interpretar la guitarra.

INTRODUCCIÓN

El humorista quedó atónito, y despidió con un abrazo y un aplauso a su improvisado invitado, acción que el público confirmo, dentro de ellos yo, al ponernos de pie y aplaudirlo por un buen espacio de tiempo.

Por lo tanto, una vida increíble, asombrosa, excepcional, espectacular, maravillosa, llena de cambios, sonrisas, variables, emociones, posibilidades, belleza, sorpresas, vitalidad, alegría, y entusiasmo, más otras infinitas expresiones de plenitud vital, que conforman la realidad que podemos expresar, cuando se refleja la manifestación de nuestro ser en la existencia, se confunde.

La percepción es contradictoria, tanto, del mundo interior propio, como exterior en la vivencia del otro.

En otras palabras, se percibe la vida de manera antinatural, opuesta al flujo del

INTRODUCCIÓN

equilibrio, del universo, y del cambio constante.

O sea, se advierte la vida en oposición a ella, imposible, trágica, triste, llena de problemas, inexpresiva, angustiosa, ansiosa, depresiva, ignorante, oscura, sin opciones, sin plenitud, en completa inconsciencia, llena de dudas, deudas, violencia, traumas familiares y sociales, fruto del desconcierto de los seres, por el alejamiento, y perdida de unidad de los individuos como especie.

Recapitulando, existe un individuo que tienes abandonado, has cambiado su atención y cuidado, por la búsqueda de resultados que te ha impuesto un sistema de vida programado, en vivencias alejadas de él; estado que determina un predominio de lo externo sobre la belleza interior; en completa pérdida de la unidad; afectación del equilibrio que se manifiesta durante toda la existencia, en la ausencia de plenitud, felicidad, y consciencia plena.

INTRODUCCIÓN

Individuo disociado que reclama atención de manera constante, para volver a la unidad, para integrarse, y retomar la senda del bienestar completo.

Ese individuo eres tú, y el abandonado tu SER.

La llave maestra está en tus manos, la fuente tardía que llevó finalmente al estado en que te encuentras fuiste tú; pensamientos, sentimientos, emociones, y acciones coordinadas te indujeron a la senda que creíste y creaste. De la misma manera puedes desenredar este ovillo, y retornar al estado natural de equilibrio en unidad, en un sencillo pero constante accionar.

La acción sencilla que solicita tú ser, es que le permitas, volver, a SER. Sí, parece una locura, y una reiteración, volver a ser, a reconocerse así mismo, recobrar la identidad, para expresar el quién soy desde el interior.

INTRODUCCIÓN

Por consiguiente, la mejor manera, la más simple, la más sencilla, es la propuesta de este libro, usar los mismos mecanismos que te llevaron a esta situación, pero en este instante para tu bienestar.

Dicho de otra manera, vas a dedicarte a realizar tu currículo propio, para ti; tu propia entrevista, y el resultado conjunto de la asociación de estas acciones programadas, será ahora, para tu beneficio, tu verdadera **Biografía**, en donde serás arte y parte, en total congruencia, honestidad, y sinceridad; descubrirás a través de ella, el individuo que escondía el espejo, se manifestará la unidad de tu ser con el universo del que haces parte, serás tú, diferente pero integrado al todo, como naciste.

A lo largo de este camino elaborando tu biografía, a tú manera, vas a notar los maravillosos cambios que se producen en tu interior, y como lo externo pierde el valor que le has dado por los programas

INTRODUCCIÓN

inconscientes que te han introducido, retornando todo hacia tu ser en completa Unidad.

SONRÍE

UNIDAD

"UNO"

Este siglo, no ha mostrado cambios sustanciales en la vivencia de la especie humana, en mi criterio; persiste el modelo de las cavernas, esclavitud, servidumbre, escasez; circunstancia de origen en la programación mental de los seres.

El protagonista de esta experiencia el ser pensante, cuya capacidad aparentemente lo diferencia de las otras especies, solamente muestra crecimiento en el desarrollo de elementos tecnológicos (sistemas integrados-Chip), que no han transformado el proceso vital, en lo sustancial, en la esencia del ser. Similar evento se aprecia en la historia del hombre con los conocimientos más avanzados en cada era.

En efecto, la evidencia prueba que este arsenal tecnológico, hoy, ha reducido las capacidades de adaptación de origen de la especie, restringiendo la expresión del ser; impacto que se materializa en los encierros, en espacios físicos estrechos, como: El hogar, el trabajo, centros de comercio, edificios multifamiliares y las ciudades; sitios en donde estos sistemas tecnológicos cobran vida, adquieren "utilidad"; pero, en su funcionalidad, condicionan el flujo de las expresiones humanas, creando verdaderos moldes de existencia, que nos circunscriben al cerco que creímos y creamos.

En otras palabras, cuando aparece la calculadora electrónica, desaprendemos la función de realizar operaciones mentales y su expresión escrita, como sumas, restas, división, ecuaciones y otras más avanzadas, que se nos facilita por la potencialidad del cerebro (la película Hiddens Figures, -figuras ocultas- es la evidencia); para su consumo se le agregan funciones y operaciones más complejas y se vende la idea de eficiencia, de realizar las tareas más rápidamente, con mayor precisión.

UNIDAD

Otros ejemplos, confirman la idea, cuando emergen los ordenadores con los hipervínculos, vivimos la adicción de su necesidad, y gira la vida a su alrededor; comienza el proceso de aislamiento físico, mental; las relaciones humanas de contacto, de percepción a través de los sentidos inician su limitación, los estímulos fisiológicos disminuyen por la restricción en el hábitat de la pantalla.

Finalmente, la tecnología atrae, el paquete completo en un teléfono móvil, con muchas funcionalidades al alcance de los sentidos, y creamos dependencia completa; "UNO" desaparece detrás, de una pequeña pantalla multi-táctil, y aparece una imagen humana robótica (Inteligencia Artificial), que se desplaza atado a este pequeño dispositivo de la mano, y todo el foco de atención se dirige hacia sus contenidos diversos.

Surge en el contexto de la tecnología blanda más avanzada, la ficción real, de una aplicación móvil humana, APP-humana, alejada de "UNO", conectada a través de una USB visual en él display; la aplicación consiente para el uso de sus bases de datos personales, registros de audio, video, documentos, ubicación geográfica, grabar información en nuestra extensión, signos vitales, exploración de sus órganos, movimientos, hábitos, costumbres, mensajes, y relaciones humanas.

Este ser sin unidad, simula, un sistema con una sola entrada, el ser, y múltiples salidas, el ser fragmentado, desempeño que imposibilita acciones congruentes y coherentes para una vida serena de paz.

Horizonte, que facilita en este momento, la disociación del ser, condición que hemos venido trabajando desde lo externo, con las actividades mencionadas en el capítulo previo (currículo, entrevista).

Realidad edificada por la mente como se lo ordenamos, para la sobrevivencia, eso nos decimos, pero en el fondo, nos han introducido este software malicioso, estándar y estilo de vida, para llegar a perder la Unidad.

De tal manera, las estrategias del sistema de vida, para seleccionar grupos humanos para el desempeño particular de tareas con interés económico, siempre, aprovechan esta brecha del individuo, -visión dual mental de la realidad – (disociación), encontrando lazos comunes en esa fractura, que permite al miedo como inductor se apodere del ser programado, y lo lleve a donde menos desea, en cumplimiento de lo necesario para permanecer (dinero), creyendo alejar la mortalidad.
A propósito, la discusión filosófica sobre la unidad, abarca la filosofía de toda la humanidad desde Grecia, ese no es el propósito del libro; la tarea es muchos más simple, aceptar, despertar, renovar y reconocer al nuevo ser en unidad.

Por lo tanto, la finalidad propuesta se comprende, por su valiosa repercusión en la existencia del día a día, en tanto, el flujo universal, como plenitud, recrea

UNIDAD

infinitas posibilidades, de goce pleno en este momento, e instante, ahora; y para apreciarlas se requiere del ser alineado y presente en fusión perfecta; dimensión que concentra la experiencia total, aun en las vivencias existenciales simples, tornando impenetrable a la persona frente a las dinámicas de control externas, que tanto nos hacen sufrir.

La historia del río de oro explica lo dicho:

> Un grupo de nativos, habitantes de la ribera de un río, gozaban de la fortuna de vivir sin dilemas, y en adición, podían disponer de grandes cantidades de oro, para sus labores cotidianas, metal que en poco contribuía a su bienestar material.
>
> Todo aquel que por casualidad entraba en contacto con ellos, se admiraba de tal riqueza, y atribuía su dicha al metal precioso.
>
> Los viajeros deseosos de tal designio, preguntaban a los habitantes nativos

de donde extraían tan grandes cantidades de oro, y ellos sin reparo contestaban que del río. Estos en el afán de lucrarse exploraban el torrente, sin lograr extraer el precioso tesoro. Por el contrario, los nativos acudían al caudal y siempre llegaban con sus bolsas llenas.

Los nativos representan como usted lo ha apreciado, a "UNO", sus habitantes, seres en unidad, se adentraban en el flujo de la vida, en un universo de sabiduría, sincronicidad y coherencia, en una vibración alta y sostenida en fusión total.

Uno, deja de permanecer en la programación, cuando desaparece esa fractura del ser y se consolida la Unidad.

La unidad atrae, expande, magnifica, acoge, se manifiesta, expresa, no presume, abraza, sonríe, descubre, fortalece, florece, cosecha, confía, no justifica, logra, aleja, confirma, fluye, es todo, es infinita, es universo, existe, es, así de simple, es.

UNIDAD

El ser sin disociación abandona el pasado, se focaliza en el presente, sonríe, vibra alto; los pensamientos basura comienzan a ralentizarse; las ondas cerebrales son de preponderancia alfa, disminuye el estrés, aumentando la relajación; la saliva se vuelve líquida; los seres en proceso de unidad los siguen, los francamente disociados se alejan; el futuro es una dinámica constante de imágenes del presente; las ideas y proyectos se visualizan y manifiestan realizados; en el diálogo con otros seres no se reflejan sus emociones, sentimientos, dudas, o temores; no realiza juicios, no presume, se expresa con pulcritud; perdona, y da gracias.

Por ende, las decisiones tomadas por el ser en unidad, nacen del interior, del corazón, van hacia la mente; son decisiones de vida, no decisiones programadas por la mente en su proceso inconsciente, atienden a la necesidad del amor, son ilimitadas, y fluyen dentro de la fuente del universo creador, de allí el poder enorme que disponen, atraen de manera ilimitada.

Así mismo, la experiencia de la unidad del ser, es un proceso, cuando inicia, genera inconformidad, desajustes mentales, asociado a expresiones corporales, debido al dejar lo aprendido por la mente, durante algún periodo, la incertidumbre ronda la vivencia cotidiana, la claridad se entorpece, simula la sensación de pérdida, miedo, y se crea confusión, un estado sin fin.

Entonces, ese último estado, da comienzo a la salida, y se conforma la unidad del ser, pensamientos, sentimientos, emociones y acciones se coordinan, de manera desconocida pero maravillosa, desaparece el miedo, y reaparece el ser natural de origen, lleno de confianza, seguridad, serenidad y amor.

Además, esta perfecta alineación del ser, dirige la vida hacia las posibilidades, las atrae, sana, cura, nos concede los deseos del corazón, el bienestar es ilimitado, en lo físico, mental, emocional, económico, salimos del sistema programado, y fluimos en la vida sin resistencia en total aceptación, ocurre todo en el momento, en el instante, ahora.

¿Qué sucedió? el ser en unidad penetra el mundo del cambio como constante universal, y por eso se adapta de manera sensible y simple, al devenir de la existencia, que no es caótico sino dinámico, se desplaza, al igual que el caudal de un río, la mayor parte del tiempo homogéneo y perfecto, y en escasas ocasiones con algunos remolinos por el desnivel que lo lleva a su desembocadura, para aumentar su ímpetu y velocidad, sin alterar su esencia, así nos movemos en unidad, dejamos de ser lo inducido, pasamos a ser el origen, la fuente, aquello con lo que nacimos, perfección universal.

Por estas razones, la presencia del ser aparece manifiesta, plena; todos en esta posición podemos reconocernos, ver al individuo que nos era extraño;

UNIDAD

apreciamos su existencia, origen, vivencias, experiencias, deseos, capacidades, gustos, preferencias, proyectos, logros, pensamientos, sentimientos, emociones, y el todo, ahora, aquí, en este momento, en este instante universal, y decirnos soy yo, "uno puede cambiar."

Ahora, el ser, cuenta con la potencialidad, y posibilidad de presentarse a otros seres en unidad, emerge el perdón y la gratitud para con ellos, y así mismo, bajo la guía universal, que orienta toda esta energía hacia alcanzar ese fin que tiene concebida la sabiduría para su existencia y las de todo ser sin distinción.

El camino recorrido, ha implicado el uso de las mismas herramientas, e instrumentos de disociación, ahora para dirigir la Unidad; La diferencia en su aplicación, es la aceptación del cambio, la consciencia del presente, el abandono de la programación, la presencia del auto reconocimiento, la honestidad del corazón, y el mensaje a la mente para renacer, despertar y liberarse de las ataduras del programa inconsciente.

En el mismo sentido, un ser evolucionado, sano, satisfecho, que concibe en el presente su hoja de vida, y su entrevista, con otra mirada, se renovará y cuidará de realizar su biografía en el presente con mucha atención.

EL CURRÍCULO, LA HOJA DE VIDA

EL CURRÍCULO, LA HOJA DE VIDA.

El aprendizaje de la separación

No conocemos la genética de origen que dio curso a la vida que nos define y expresa su estructura, en las formas que nos diferencian y adornan (Fenotipo); tampoco precisamos, como raíz de conocimiento aprendido, las evidencias e impactos trans-generacionales, de la manera como la evolución ha constituido el genoma que nos consolida como individuos y especie, a pesar de lo cual, somos eso hoy, en el presente. Ahora, aquí.

Tampoco somos el recién nacido que fue concebido por nuestros padres, y sin embargo si somos el mismo.

No recordamos ni las vivencias, ni nuestro aspecto físico, ni la manera de compartir con el entorno, no obstante, somos el mismo en el presente, y de

EL CURRÍCULO, LA HOJA DE VIDA

igual forma somos diferentes a ese pequeño.

Uno es como es, desde infante, y es el mismo, e igualmente diferente en el presente.

La transformación de este individuo, de nosotros, es constante, cada periodo, cada lapso, ofrece una alternativa diferente biológica, física, es una maravilla, irreconocible e irrepetible en cada instante.

El universo sigue el mismo plan, en lo macro y en lo micro, un curso irresistible, presente.

Este incipiente juego de palabras, identifica el drama dual que vive el humano en todo su desarrollo, desde su más temprano antepasado hasta el hombre contemporáneo, pues, aunque la diversidad nos diferencia a unos de otros, la similitud nos une, al entender que somos individuos únicos y especiales que

EL CURRÍCULO, LA HOJA DE VIDA

evolucionamos, al igual que el medio, y el hábitat cambiante que nos circunda.

Drama que expresa la dualidad en cuanto, ese constante cambio no se respeta por el programa inconsciente que se nos inculca desde el nacimiento, llevándonos a negarlo, oponernos y resistirlo, ya que pretende el sistema, mantener unas constantes de comportamiento limitantes y restrictivas, como ataduras de seguridad, en la materialidad de la vida y de las "cosas" que no existe y es simplemente una creación humana.

La visión, desde esta perspectiva planteada, sería que la vida fluyera, y ocurriera en la constante del cambio, en un ser en unidad, en evolución; y allí, en el dilema dual que hemos mencionado, no sucede así.

El software "malicioso", sistema de creencias, que se incrusta a lo largo de este sendero, de crecimiento y desarrollo, bajo el modelo tradicional de entrenamiento, dirigido al ser, como -blanco-, conduce a la separación y división del mismo.

En un extremo, un ser, un "uno" corriente, programado, activo, que interesa a la sociedad del consumo y dinero, del resultado; su producto siempre es el mismo, hombres y mujeres distanciados de sí mismos, con un sinnúmero de roles, identidades, temores, y disfunciones; reaccionan ante la vida.

En el otro, un ser interior, un "uno", menos ponderado, menospreciado por la colectividad y el mismo individuo, alejado, latente, poderoso en su interior, pero débil en su presencia, por el esfuerzo social de ocultarlo, para beneficio y utilidad de un sistema, que en nada se preocupa de la vida, de las existencias de los hombres, en consciencia, plena y feliz.

De esta manera, bajo los presupuestos de este libro, y lo antes

EL CURRÍCULO, LA HOJA DE VIDA

dicho, el instrumento inicial que logra definir e implantar en el subconsciente esta separación, división del ser, con predominio del ser programado, *es la hoja de vida o currículo,* como también se le conoce, en el sistema de entrenamiento humano; herramienta de índole maquiavélica, diría, por su impacto humano y social, la mayoría de veces negativo.

El Currículo, es la carta de presentación del hombre, de la mujer, y no del ser, en el medio en donde se emplee: Académico, laboral, personal, social; funciona como una extensión vital.

La hoja de vida, manual o electrónica, formateada, o no, cumple el mismo fin, mostrar las habilidades y competencias del aspirante, se construye desde el exterior hacia él interior, con este vicio de origen.

En un gran porcentaje de casos se acude a ella en estado de carencia, buscando la

EL CURRÍCULO, LA HOJA DE VIDA

felicidad. Escasos individuos la elaboran para sentirse bien.

Genera confianza o vergüenza de acuerdo a su contenido; crea emociones, tanto, en él emisor, como en el receptor. Define la suficiencia o no del individuo en su mentalidad inducida, y de sus expectativas vitales de sustento y crecimiento, con muy relativo éxito, dado el alto nivel de fracaso, y rechazos expresos o tácitos que ocasiona, cuando se volatiliza en el mundo empresarial laboral y la red.

Terabytes de hojas de vida circundan la red sin objetivo, sin estudio; incluso los gobiernos las usan, las normalizan, las difunden con criterios de calidad y transparencia, por la falacia que encubren. Se desechan por toneladas.

Es el documento base de la creencia de la programación; expresa lo consignado y lo no consignado. Su contenido requiere de confirmación, entrevistas, adicionales y

EL CURRÍCULO, LA HOJA DE VIDA

llamadas a los sujetos y organizaciones citadas en él escrito.

Es fuente de engaños, falsedad, componendas, tramoyas, de negocios, de educación para conocedores del tema, de intrincadas tramas para amigos y referencias.

Causa de emociones variadas: Miedo, depresión, angustia, ansiedad, intranquilidad, temor, pérdida de autoestima, restricción, limitaciones; origen de alteraciones de la personalidad, cuando se requiere conformar perfiles específicos y adaptación, contrariando el ser.

Existen más hojas de vida elaboradas, almacenadas en físico, o en medios digitales, y en la basura de organizaciones en general, que población humana y teléfonos inteligentes sobre la tierra.

Todo adulto ha elaborado un currículo, como mínimo estándar en su existencia.

EL CURRÍCULO, LA HOJA DE VIDA

El momento de su elaboración, es incómodo, relevante; oneroso por sus costos; se requiere de fuentes externas, consultas a otros seres, empresas; debe actualizarse periódicamente, y guardarse o archivarse en copias, para ser consistentes con sus datos e información, cuando se usa en ocasiones posteriores; está sujeta a muchos errores, que requieren de revisiones, ajustes, correcciones, eliminación, impresiones, reimpresiones, etc.

Y el impacto más crítico para nuestro ser, es radica en que el documento no demuestra en la mayoría de situaciones su expresión de unidad, solamente de disociación y programación, elaborada desde la mente y no desde el corazón.

En consonancia con lo discurrido hasta este punto, vale la pena ampliar el conocimiento, con dos sencillos, pero valiosos ejemplos: En el primero,

EL CURRÍCULO, LA HOJA DE VIDA

Dos Jóvenes emprendedores, uno Ingeniero, el otro, creativo, deciden iniciar una compañía para desarrollar y avanzar en el área de la inteligencia artificial. El proceso administrativo se realiza sin dificultad y se concreta la compañía con capital semilla. De común acuerdo, uno de ellos toma la presidencia de la compañía y el otro la vicepresidencia.

Iniciaron el proceso de selección de personal, al cual varios ingenieros entre 30 y 55 años, sin empleo actual, se presentaron, muchos de ellos con amplio conocimiento del tema, habiéndose desempeñado en compañías del sector, destacados por sus empresas como excelentes trabajadores, y dotados de grandes capacidades creativas y productivas; como se consignaba en sus hojas de vida.

El Concurso ofertaba dos opciones de aplicación, en una de ellas la oferta de salario en promedio era un 30 por ciento por debajo de la del mercado; la otra

EL CURRÍCULO, LA HOJA DE VIDA

implicaba aporte de industria, de conocimientos, y de acuerdo a logros económicos alcanzados, se tasaba el salario, pagadero cuando estos se vieran reflejados en los balances, remuneración que podía llegar hasta del 120 por ciento del ingreso corriente de un ingeniero en una posición similar. A todos los candidatos se les informo este hecho previamente a iniciar el proceso, ninguno lo abandonó, no obstante, un solo candidato optó por la segunda opción, los demás por el salario del 30 por ciento más bajo.

Al terminar el proceso, los empresarios contrataron solamente al único candidato que opto por la segunda propuesta de aporte de industria.

El ejemplo pretende que usted, realice su propia reflexión, bajo los argumentos que hemos venido concretando en este libro. Estos cuestionamientos pueden ayudarlo al ejercicio de unidad del ser: ¿Qué consignó cada ingeniero en su hoja de vida? No lo sabemos. ¿Existía sinergia

EL CURRÍCULO, LA HOJA DE VIDA

entre lo afirmado en los currículos, y el ser de cada ingeniero? Tampoco pretendemos inventarlo. ¿La decisión de estos ingenieros, desempleados, de optar por una propuesta de salario inferior a la del mercado, cuando todos tenían el antecedente de grandes desempeños en compañías del sector? Acertada o no, no es materia de este documento. ¿El riesgo como una decisión de vida, nace en la programación del inconsciente, o es de fuente en el ser?

En el segundo, ejemplo:

Una multinacional de servicios, desea abrir una sucursal de la organización, en un país de economía emergente. Con tal cometido, inicia la escogencia del Presidente de la compañía. Para el efecto, contrata a una empresa especializada en la búsqueda y selección de talento humano.

Publicitado el proceso, allegan al mismo, la hoja de vida, cuatro ex presidentes de compañías del sector,

EL CURRÍCULO, LA HOJA DE VIDA

tres hombres y una dama, todos mayores de 60 años.

La primera etapa de la selección, implicaba una confrontación de las hojas de vida de los candidatos, con una entrevista de conocimiento básica. Para tal labor, la empresa contratada encargo a una joven psicóloga, egresada recientemente de su programa universitario.

Los candidatos fueron citados en fechas diferentes, primero la dama, y luego los caballeros.

El común denominador, como resultado de este primer paso, fue, el agradecimiento de los aspirantes; seguido de su negación a ser evaluados por una persona, sin experiencia en sus criterios; señalando además, que sus hojas de vida hablaban por ellos, y el siguiente paso debería ser una entrevista, directamente con los empresarios de alto nivel de la

EL CURRÍCULO, LA HOJA DE VIDA

multinacional, en caso contrario desistirían de la aplicación.

Este segundo caso, también promueve su reflexión. ¿Es el ego de los candidatos, el que se expreso ante la joven psicóloga, o fue el ser de los ex presidentes? ¿Cuándo los aspirantes señalaron que –sus hojas de vida hablaban por ellos- era el ser disociado o en unidad el que se manifestaba? ¿La entrevista con altos funcionarios de la multinacional, era una exigencia del ser, o del programa inconsciente instalado en las mentes de los cuatro aspirantes, del sexo opuesto?

En este contexto, el instrumento de selección, puede en sentido contrario, ser útil para transformar la vivencia de negativa a positiva, colaborar al ser, para descorrer el velo de ignorancia, desprogramar, y crear nuevos lazos de integración en el corazón, y en la mente, si la acoplamos a la necesidad de unir y no disociar.

EL CURRÍCULO, LA HOJA DE VIDA

En este orden de ideas, en consonancia con los lineamientos sugeridos, en el párrafo anterior, la desprogramación en el uso de la hoja de vida para nuestro ser implicaría, las siguientes afirmaciones:

Se diligencia el formato, él currículo, desde la unidad del ser, para ayudar a perpetuar este estado de plenitud y consciencia; con impacto humano y social, la mayoría de veces positivo.

El Currículo, como nuestra carta de presentación, en el medio en donde se emplee, funciona como una extensión vital, para sentirnos bien siempre.

La hoja de vida, se construye desde el interior hacia el exterior, informa de nuestro ser, de la maravilla que como individuo nos conforma, y en adición de la experiencia de vida que hemos adquirido.

Se acude a ella en estado de prosperidad, buscando sumar más felicidad.

EL CURRÍCULO, LA HOJA DE VIDA

Su diligenciamiento siempre genera confianza, por cuanto su contenido es verás, no requiere confirmaciones.

Crea emociones positivas, tanto, en él emisor, como en el receptor. Es semilla de éxito cuando se acude a ella en el mundo empresarial laboral y la red.

Su presentación atrae: Conocimiento, respeto, honestidad, e integridad, no se requiere de referencias en su configuración.

Es causa de emociones variadas: Felicidad, seguridad, aumento de la autoestima, expansión del ser, tranquilidad, admiración. Las personas construyen su perfil en armonía con su ser, y las empresas se adaptan a él.

Todo persona desde la mayoría de edad, ya tiene gestionada su única hoja de vida, que actualiza de su autobiografía, la cual comenzó a elaborar desde la temprana infancia.

EL CURRÍCULO, LA HOJA DE VIDA

Tramitar la hoja de vida en cualquier formato, manual o electrónico, es un proceso sencillo, de bajo costo, hace parte de la biografía de cada individuo, no requiere de bases externas para elevar su contenido, ni de revisiones, ajustes, o correcciones, etc.

El CV consigna las maravillosas expresiones del ser, manifiestas desde el corazón y no desde la mente.

La ruta descrita, de cara al curriculum, inevitablemente para este objeto tiene dos vertientes, que siempre deberían estar fusionadas, pero así no ocurre.

¿Qué quiero decir? Lo obvio, para un desempeño laboral, o para el crecimiento como ser, la base de su diligenciamiento **es el autoconocimiento profundo**, y ello, no debería mostrar fracturas. De otra manera, si el ser interior no se pronuncia en unidad, el aspirante estará diligenciando un formato en carencia, para la subsistencia, y todos los aspectos negativos que ya enunciamos; si por el

EL CURRÍCULO, LA HOJA DE VIDA

contrario, la unidad fluye, el ser se expresa, la hoja de vida o CV, como la llaman algunos, será eso, un reflejo de un "uno" integrado, feliz, pleno.

Veamos, este aspecto, primero en lo laboral; miles de vínculos de internet, se dedican al tema de instruir a los postulantes en la manera como el CV debe ser diligenciado; formatos y modelos en la diversidad que se requiera, estrategias sin fin, hasta existe una web de la red social especializada en este tema.

- En este panorama, las sugerencias son sencillas, todas orientadas a la efectividad, o sea, para lograr llegar a la entrevista formal.

Con este objeto, recomiendan en estas Web, por ejemplo, para un CV ganador, que venda (cualidades del perfil destacadas para la organización), debe ser: personalizado, profesional, serio, tener palabras claves (ATS), reflejar la personalidad del candidato; actualizado;

EL CURRÍCULO, LA HOJA DE VIDA

idealmente tener varios CV; diligenciado en una sola página (breve); ordenado, sin errores ortográficos; que se acompañe de una foto de calidad, para que la recuerde el reclutador; que se encabece con el nombre claro, resaltado, y los datos de comunicación más efectivos posibles (Teléfonos, cuenta de correo personalizada, dirección); luego un perfil u objetivo profesional específico, preciso, con elementos destacados, especializados; último grado de estudios; experiencia laboral (puesto, empresa, periodo, logros, descripción); habilidades y conocimientos (idiomas, competencias laborales, manejo software).

Estos videos, documentos de la red, recomendaciones, planillas, etc., destacan de la finalidad del currículo, la necesidad para el aspirante de mostrarse competente, en su formación, experiencia y habilidades, lo que no ofrece inconformidad alguna en apariencia; sin embargo, en algunos pocos sitios integran al documento, que este sea un reflejo de la personalidad del aspirante,

EL CURRÍCULO, LA HOJA DE VIDA

y este ítem poco se visualiza, explica, orienta, o resalta, como debería.

Contrario sentido, para este libro, es el elemento fundamental, el prerrequisito de vida, de existencia, cuando de autoconocimiento hablamos, de crecimiento personal, de autoayuda, de plenitud, de consciencia, y de unidad del ser.

Por consiguiente, este instrumento de selección aplicado a ese conocimiento profundo, constituye, ahora, en segundo lugar, la carta de presentación entre el ser disociado programado, que rinde culto a las formas previamente descritas, y el ser latente, hermoso, brillante y especial que está oculto, limitado y restringido, que es el manantial de bienestar en todos los sentidos de la existencia, incluso de éxito, como se expresa en la forma tradicional de la vida.

Apreciemos este segundo aspecto frente al ser, para un individuo que busca la unidad, el resume, currículo, curriculum,

EL CURRÍCULO, LA HOJA DE VIDA

hoja de vida o CV, será el formato inicial más trascendente para comenzar a lograr la unidad.

El proceso es sencillo de nuevo, vamos a usar las mismas herramientas que recomiendan los expertos, ahora, en el sentido de reconocernos para despertar de la programación.

- El horizonte propuesto es el siguiente: El documento debe ser suficiente para lograr también una entrevista con nosotros mismos, reflejar la personalidad del individuo.

Con este propósito, debe (mos) acudir inicialmente a revisar el último CV que elaboró (amos), al igual que un reclutador vamos a dedicarle los seis (6) segundos necesarios para encontrar las palabras claves (ATS) entre muchas, en su contenido, que nos alejen o acerquen al ser: *Ser, sonrisa, gratitud, perdón, amor, consciencia, increíble, asombroso, excepcional, espectacular, maravilloso,*

EL CURRÍCULO, LA HOJA DE VIDA

cambios, variables, emociones, posibilidades, belleza, sorpresas, vitalidad, alegría, entusiasmo, sabiduría, sincronicidad, coherencia, vibración alta atrae, expande, magnifica, acoge, se manifiesta, expresa, no presume, abraza, descubre, fortalece, florece, cosecha, confía, no justifica, logra, aleja, confirma, fluye, infinito, universo, existe.

El CV debe ser personalizado. La foto seleccionada representar, las emociones y sentimientos más sensibles y renovadores. Los datos de identificación, ayudan a observar cómo ha fluido la vivencia como individuo y grupo familiar básico y ampliado. El perfil y objetivo profesional, demostrar el empeño con el ser, coherencia y congruencia con el proceso vital; ejercicio de reflexión profundo frente al propósito de unidad deseado. A diferencia del CV tradicional puede tener la extensión que sea necesaria. La formación académica, profesional, laboral, deben poner de presente el compromiso integral con todas las esferas del ser (tiempo de

EL CURRÍCULO, LA HOJA DE VIDA

dedicación, desempeño, logro, descripción); habilidades, conocimientos, competencias empleadas en alcanzar consciencia, despertar, plenitud y renovación del ser. El CV se corresponde con la biografía del ser, es una parte de este todo, que permite mantenerlo actualizado.

Esta confrontación básica, permitirá al candidato, comprender como un todo, la realidad que esta experimentado su mente, y su corazón; descifrar, desde las respuestas obtenidas, las evidencias del sentido que ha tomado su existencia, sin justificaciones, victimismos, o quejas. Adentrarse en un mundo de posibilidades que atrae este autoconocimiento. Obtener elementos fundamentales para lograr la unidad del ser, alma, cuerpo, espíritu y universo. Tomar consciencia, despertar y renovarse. Camino inicial de un éxito que complementará con su entrevista y autobiografía.

Experimentemos este ejercicio de unidad en la comparación de un individuo que

EL CURRÍCULO, LA HOJA DE VIDA

usa su CV, hoja de vida, para sanar y alcanzar bienestar:

Daniela, economista de profesión, 30 años de edad, de los cuales 7 ha dedicado a trabajar en una mediana empresa, en el área de finanzas. Desea cambiar su rutina, y para ello, explora el mercado laboral en busca de opciones que satisfagan su nuevo interés. Dentro de las ofertas del mercado, una llama su atención, pues, se adecua a su experiencia y formación académica:

"Multinacional de medicamentos requiere economista para su área de marketing y finanzas, con 5 años de experiencia comprobable, conocimiento del mercado de derivados, bilingüe, opción de viajar, salario 4-8 millones/mes, descuentos de ley. Enviar hoja de vida al correo: labore.ya@farinzer.com"

Dani, soltera, vive en un pequeño apartamento arrendado, sola, actualmente sin pareja. Su familia radica en otra ciudad del mismo país, tiene un

EL CURRÍCULO, LA HOJA DE VIDA

coche que está pagando, y ha logrado hacer algunos ahorros de importancia.

Han transcurrido siete años sin elaborar una hoja de vida, pero en sus archivos guarda, la que utilizó recién graduada para ingresar a su trabajo actual, y decide revisarla para actualizarla, en busca de que sea más competitiva, para esta nueva opción de cambio laboral y personal.

Cuando analizó su hoja de vida, dos observaciones destacaron en su percepción, la primera, la simpleza del formato, una sola página, documento sin mucha información; y la segunda, su foto personal, se apreció joven, risueña, y bonita.

La curiosidad apareció y recurrió a comparar esa foto, con la que uso hacía cinco meses para obtener su pasaporte, cuando pensaba viajar a un país vecino de vacaciones, sueño que no se realizó; se sorprendió, se vio muy madura, se asimiló a una mujer mayor para su edad actual, y e impactó de su seriedad, se confrontó con el espejo, notando, que estaba incluso más delgada, y que no sonreía, esto no lo veía en el diario acontecer, cuando se aseaba para ir a trabajar.

Sus datos personales de contacto cambiaron totalmente, la dirección y teléfono de su hogar paterno, correspondían ahora, a las de su apartamento de soltera; su móvil y cuenta de correo no son los mismos, solamente quedaba su número de identificación de ese pasado.

Luego de esta verificación, reflexionó:

-Ahora soy grande, responsable de mi misma, y ayudo a mi familia económicamente, muy bien.

Recordó que en esa época, cuando aplico al puesto, tenía novio; en el presente lleva 3 años sin pareja; solamente tiene dos grandes amigos que ocasionalmente ve.

EL CURRÍCULO, LA HOJA DE VIDA

Su objetivo profesional y perfil la hicieron sonreír,
- Era una idealista e ingenua, consideró, cuando leyó el CV:

> "soy una economista recién graduada, con honores académicos; deseo trabajar para su empresa, ofrezco todo mi tiempo, capacidad, conocimientos y voluntad, aprendo fácilmente y me gusta trabajar en equipo. La matemática financiera es mi fortaleza. Muchas gracias por apreciar esta aplicación laboral."

Al terminar de leer el mensaje, opinó;
- "No sé que dije, pero les gusto, me contrataron."

Al revisar su formación académica, Economista, de prestigiosa universidad, graduada con honores. Advirtió que no había tenido tiempo durante esos años de trabajo, para realizar otros procesos de aprendizaje formal (especialización y maestría).

EL CURRÍCULO, LA HOJA DE VIDA

Estimó, su desarrollo profesional laboral como óptimo, con crecimiento en habilidades y competencias aplicadas al cargo (negociación, análisis), con información valiosa de referencia, que le permitía estar vigente en su desempeño, a pesar de lo cual, creyó que sus conocimientos no tenían el respaldo de un diploma, y eso sería un dilema para competir con gente más preparada y joven. Circunstancia que la alarmó, en su tarea actual, ya que, podría ser una amenaza, ponderó.

Afortunadamente el inglés, estimó, no era ni es, un problema:

- Estos años en la empresa lo he practicado mucho con los clientes de la organización, es una ventaja competitiva en mi caso, opinó para su ser;

En su estudio, encontró que sustancialmente no había cambios que realizar en el CV por este aspecto, la información era la misma de siete años atrás, aunque podría sumar alguno que otro aislado seminario de corta duración que realizó.

Al ojear el numeral 3 relacionado con su experiencia laboral, se alegró inicialmente, Gerente de Finanzas, considerando que aunque solamente había trabajado en una empresa, eso la convertía en una excelente empleada, era su fortaleza, en la organización el manejo que había dado a las inversiones de los recursos y sus rendimientos la habían destacado como empleada de confianza, de la misma manera su capacidad para dar soluciones creativas a los negocios, logros, cumplimiento de metas, y objetivos, análisis, orden, trabajo en equipo, liderazgo, en tanto su equipo era de 5 miembros y no surgieron conflictos, proactividad y dedicación.

A pesar de lo cual, no obstante, esta alta valoración, el estudio del documento, le permitió evaluar su desempeño y logros personales, y sintió cierto grado de desilusión; en su reflexión encontró que

EL CURRÍCULO, LA HOJA DE VIDA

habían transcurrido siete de sus mejores años de vida, de su juventud, de los cuales había dedicado más de doce horas diarias al trabajo, los primeros dos fascinantes por la novedad y el encargo de liderazgo sobre otros seres, pero los siguientes una rutina constante.

Su salario se había incrementado, pero a un rango inferior al del mercado laboral, le permitía cancelar sus obligaciones, y ahorrar, le daba seguridad, confianza, sin embargo, al confrontarse con la oferta laboral, se le creó una expectativa económica, mas no felicidad, sintió carencia algo que no había experimentado nunca.

No había tenido ascenso laboral, ya que su cargo, no permitía esta posibilidad. Le pareció que había descuidado su estado físico, debido a las muchas horas que pasaba enfrente de su ordenador personal, sus relaciones emocionales y afectivas eran escasas; solamente dos o tres veces al año se comunicaba con sus padres y hermano; no había vuelto a

EL CURRÍCULO, LA HOJA DE VIDA

tener novio; sus descansos los pasaba encerrada en su apartamento, resolviendo tareas del trabajo pendientes, y viendo televisión. Si bien lo disfrutaba, veía ahora cierto grado de vacío que el trabajo encubría pero no resolvía, ni percibía.

Recordó que solamente salió a vacaciones en dos periodos por decisión propia, el resto de años, se los acumularon, y sustituyeron por mesadas adicionales.

Su pasión, la pintura al óleo, la había abandonado, lo mismo que el gusto por enseñar matemáticas financieras.

Este ítem del CV, descubrió una realidad que no le gusto, su motivación de vida la encontraba en asistir al trabajo, estado que le resto, confianza y seguridad en algún grado. Evidencia que la entristeció. En sus habilidades y destrezas adicionales, agradeció a su labor, el perfeccionamiento en el uso de herramientas ofimáticas, incluido Excel de manera profesional y avanzada; el

EL CURRÍCULO, LA HOJA DE VIDA

aprendizaje y dominio del mercado de inversiones, derivados, OPAs, fondos mutuos de inversión, conocimiento del mercado bursátil internacional; le alegro, podría ser decisivo al competir por la opción laboral del mercado consideró.

Daniela muestra la hermosa expresión de su ser sin programación, en la búsqueda de la unidad, **-momento de la consciencia-** cuando sin mediar justificación, aparece el deseo de cambiar de rutina, y el ser, a través del estudio de su curriculum vitae, descorre el velo; transcurrieron siete años de su vida, en total inconsciencia, y el ser cansado, llama la atención sin crisis, indicando la hora de cambiar, para el bienestar. Es el despertar.

Para este proceso, el presente constituye la herramienta más valiosa. Cuando Dani, tomo su documento y lo comenzó a estudiar, la maravilla del presente se posiciono, pudo, ver, apreciar su estado, fluyo, todo el proceso desde su interior hacia el exterior.

EL CURRÍCULO, LA HOJA DE VIDA

Cada suceso de su vivencia cobro sentido, pudo mirarse al espejo, observo, notó, apreció, era su ser desplazando la inconsciencia, llegando a la plenitud.

Mente y cuerpo en sinergia, se asocian al ser en unidad, la primera tomando decisiones, la segunda expresando ese sentir.

Por eso en este caso concreto, Daniela decidió iniciar su metamorfosis, salir de crisálida y crecer, convertirse en mariposa para ser libre y volar desde su corazón como guía, en la toma de decisiones de vida.

En ese contexto, envió al correo de la oferta laboral, su currículo de una sola página, anexando el formato anterior de CV que le había servido para aplicar y conseguir el cargo en donde se estaba desempeñando como Gerente de Finanzas.

EL CURRÍCULO, LA HOJA DE VIDA

El documento constaba, de su nombre y número de identificación, datos de contacto, una foto de cuerpo entero, con ropa informal y una sonrisa de oreja a oreja.

El texto del documento solamente consignaba:

"hola, soy Daniela, Economista de profesión y corazón, Gerente de Finanzas, y hermoso ser. Deseo crecer en mi espíritu y autoconocimiento, cambiar para un universo pleno y espectacular; y por ello, aplico a su oferta laboral, para la cual estoy completamente cualificada. Ofrezco seis (6) horas de mi valioso tiempo, en la jornada matutina para este maravilloso despertar. Me encanta conocer otros seres y compartir con ellos, en español o en inglés. Amo la vida, y espero ustedes también."

Luego de remitido el documento, Daniela se retiro de la mediana empresa, y dejo manifestar su despertar en consciencia (ríe, Lee, descansa, pasea, escucha,

EL CURRÍCULO, LA HOJA DE VIDA

pinta, enseña, comparte, se ama, ama, no tiene miedo, se expresa, atrae, florece, rejuvenece), vive en unidad del ser, totalmente alineado, renovado, en armonía con el universo, presente, consciente, y en integral bienestar.

Hemos descrito como la disociación del ser es notoria gracias a la programación inconsciente, y en la misma proporción como el ser ha iniciado su proceso de unidad; la hoja de vida ha cumplido su función en este sendero de crecimiento, ha ocurrido la presentación, ser y ser, programado y latente se han conocido; se ha alcanzado el nivel para llegar a la entrevista personal, paso que perfeccionará la tarea, allí, se concretará como evidencia la profunda división del ser, y en igual sentido, el valioso instrumento que este elemento de selección y reclutamiento puede cumplir, para avanzar en el sanar, y alcanzar plenitud y bienestar en la consciencia del ser en unidad, del "uno", en la búsqueda de la perfección.

LA ENTREVISTA.

Perfección de la disociación

La evolución, y la suerte han conducido al ser humano al desarrollo de una de las más increíbles, capacidades, o habilidades, manifestada en una forma de comunicación superior, y exclusiva, el lenguaje.

Evolución, modificaciones genéticas adaptativas, u otras teorías tratan de explicar el fenómeno para los conocedores del tema.

El lenguaje y su portentosa representación en la corteza temporal y frontal del cerebro humano, dan cuenta de los complejos mecanismos que gobiernan nuestras expresiones y comunicaciones.

Es cierto, de origen somos iguales, pero el proceso de programación del azar, y la inducción social para la esclavitud, conducen a diferencias sustanciales entre los individuos, que los diferencian al momento de usar el lenguaje para comunicarse, con mensajes confusos muchas veces.

El discurso de un político explica la confusión por ejemplo.

Comunicación que implica el diálogo entre seres, usualmente disociados, desalineados, que viven realidades paralelas, pero que pretenden ser conscientes para elevar y compartir información relevante.

Diálogo de interacción entre seres humanos en cualquier espacio, y por cualquier motivación, con manifestación de ideas, sentimientos, mensajes, etc.

En este entorno, emisor y receptor, son diferentes, y este fenómeno se ahonda, cuando en sus mentes, existen diálogos internos y externos a veces incompatibles, simultáneos, para escenarios comunes temporo-espaciales.

Diversidad que desatiende la naturaleza animal del hombre, instintiva e innata, pero programable.

Y en este discurrir se adentra la entrevista, que se ha ampliado a todo escenario humano de interacción, en donde sea en apariencia indispensable, incrementar el conocimiento de un ser, de un individuo, para usualmente una finalidad u acción específica.

En la educación es muy utilizada en cada nivel académico; pero se destaca en su utilidad en el medio de selección o escogencia de personal, como estrategia, muy estudiada desde la programación del subconsciente en lo comportamental, intentando pronosticar un desempeño idóneo en beneficio del sistema organizacional público o privado.

El proceso destaca la técnica del entrevistador, en la búsqueda por medio de cuestionamientos preestablecidos o generales, para la definición de habilidades y competencias del entrevistado (liderazgo, decisión, resultados, organización, servicio), para el cargo propuesto; el medio de los recursos humanos ha llegado hasta nominar el sistema STAR: Situación-Tarea-Acción-Resultado.

Esta herramienta explora hechos pasados y prospecciones futuras, típica acción del pensamiento inconsciente que domina la mente del hombre y bloquea al ser, disociándolo, solamente para determinar quién es el individuo; si puede desempeñar la tarea y agregar valor; si entiende y comprende la cultura de la organización; a veces hasta el costo de la contratación.

Esta dinámica, implica, que el entrevistado conozca sus fortalezas y debilidades, y de la misma manera información de la empresa en donde realiza la aplicación laboral.

Al igual que analizamos el proceso que circunda la hoja de vida, encontramos que la información sobre los tips para presentar la entrevista es innumerable en la red, en expertos coaching y empresas dedicadas a este ramo; todos al unísono, enseñan a cómo prepararse, responder, presentarse, palabras claves, lenguaje no verbal y verbal, tips, trucos, psicología del proceso, expresiones, como vestirse, preguntas trampa, manejo debilidades, fortalezas, persuasión, como venderse, etc.

Para el proceso convencional de selección, hoja de vida y entrevista son etapas simultaneas, que se integran tanto para el entrevistador como para el entrevistado, y ofrecen información de reclutamiento valiosa, y autoconocimiento, que conduce a expresar la sinergia del individuo en la coherencia y congruencia del ser, sin dejar solución de continuidad, demostrando integración y unidad, manifiestas en los dos instrumentos de selección.

LA ENTREVISTA

Sin embargo, esta coherencia no existe, como se recomienda por el sistema, él entrevistado debe construir, una personalidad para la empresa, engaño, que muestra inconsistencias enormes; CV y entrevista muchas veces no coinciden, y esto es lógico, dada la división del individuo, y ser, desde la infancia, como lo ha inducido el medio programado para la esclavitud y el servicio al consumo.

Pocos individuos han hecho el ejercicio que describimos en el capitulo previo; por eso, deciden como estrategia más efectiva, conformar la mentira, una personalidad irreal, para llegar a la entrevista, donde la finalidad es conseguir el trabajo.

Es obvio, que si llegamos a esta instancia, el primer paso ya se sorteo con éxito, o sea, el CV y su análisis, personal o tecnológico, traduce que la mentira está funcionando.

LA ENTREVISTA

El escenario que plantea la entrevista, completamente impersonal y aparentemente objetivo, sin subjetividades, también es una falacia, el entrevistador, un ser más, adolece de las mismas debilidades del entrevistado, muchas veces sin la experiencia requerida para emitir juicios mínimamente equilibrados y justos, sin la lista de chequeo preconcebida, el proceso sería netamente subjetivo en un tiempo siempre insuficiente.

Finalmente, las fases de la entrevista, previas, durante y después, se fundamentan en comportamientos programados, que son cuestionados, mediante preguntas preestablecidas, para las cuales se pre-ordenan emisor y receptor, por eso su utilidad para los seres disociados e inconscientes, y de igual manera útil para alcanzar el extremo opuesto completando la dinámica de la elaboración de la hoja de vida.

LA ENTREVISTA

Veamos un ejemplo de lo dicho, para elaborar este discurso y su comprensión.

Matías un joven de 25 años, es llamado a entrevista para el cargo de agente comercial de un Call Center, donde el requisito básico es el dominio del inglés, sin requerir experiencia.

> El joven usualmente viste camisetas y blue jean, asiste al proceso con vestido y corbata. Recién egresado del colegio bilingüe, informa en su CV que domina el inglés con un nivel C2 sin ser nativo de países de habla inglesa. Su CV consigna que no tiene experiencia en Call Center; el trabajo bajo presión no lo incomoda. Es ordenado, maneja Excel y Word en un nivel avanzado. Es dinámico, respeta las órdenes y las jerarquías. Nunca ha tenido conflictos con la autoridad.
>
> El aspirante debe esperar casi dos horas para sortear al primer entrevistador, quien de mala gana lo atiende (postura preconcebida para el

LA ENTREVISTA

proceso), el joven candidato inmediatamente responde de la misma manera del entrevistador. Luego, se le cuestiona sobre el dominio del idioma inglés, afirmando el entrevistador que las respuestas no corresponden a un nivel C2, y que está diciendo mentiras en su CV, reitera su mal comportamiento y amenaza con dejar el proceso. En este momento se trae a un supervisor para que audite el proceso, ante las dificultades evidenciadas, este se torna más intenso en el trato con el aspirante, quien definitivamente opta por irse sin dar explicaciones por su acción, gritando airadamente usando un lenguaje vulgar en su salida, y quitándose la corbata, quedando en camisa dentro del sitio de la entrevista, reclama airadamente su hoja de vida, se le entrega y se va.

En este encuentro del ser en unidad, la entrevista, como herramienta de selección, muestra el total grado de disociación que se puede alcanzar; los cuestionarios para el uso de este instrumento, más las ayudas que provee la información de los conocedores del tema lo ponen en evidencia:

Los siguientes son cuestionamientos comunes:

¿Cómo hablar de uno mismo?
¿Qué contestar cuando te preguntan háblame de tí?
¿Cuál es tu mayor debilidad?
¿Cómo hablar de nosotros?
¿Cómo enamorar en una entrevista?
¿Cómo saludar al entrevistador?
¿Cómo cuidar de la postura en la entrevista?
¿Cómo manejar el lenguaje en la entrevista?
¿Cómo ser natural en la entrevista?
¿Practicar para evitar las muletillas?
¿Cómo no mostrar negatividad?
¿Qué conviene más hablar mucho o hablar poco?
¿Cómo controlar los nervios?

LA ENTREVISTA

¿Cómo aprenderse el currículo para la entrevista?
¿Cómo afrontar determinadas situaciones?
¿Cómo conocer tus fortalezas?
¿Cómo saberse vender?
¿Cómo ser uno mismo?
¿Cómo construir una imagen que venda?
¿Cuáles son las virtudes y defectos que puedo mencionar?
¿Cómo responder sobre porque escogí estudiar determinada profesión o especialización o maestría?
¿Cómo responder porque deje de estudiar a mitad de la formación profesional?
¿Cómo contestar porque quiero cambiar de trabajo?
¿Cómo contestar porque llevo mucho tiempo sin trabajar?
¿Cómo responder a la preguntas de tienes poca experiencia, o tienes mucha experiencia?
¿Cómo realizar preguntas inteligentes al cierre de la entrevista?
¿Cómo responder preguntas trampa en la entrevista?

LA ENTREVISTA

La simple comparación del cuestionario, con la riqueza corriente de un individuo en unidad, nos confirma lo antes dicho, o sea, que los seres humanos estamos disociados por la programación; las respuestas a los cuestionamientos planteados, deberían hacer parte de la integridad del individuo, en su autoconocimiento a lo largo de su experiencia vital; situación que no atrae estudio, ni preparación previa a ninguna entrevista, si hemos sido conscientes, plenos y presentes en cada instante de la existencia; pero la evidencia contradice esta afirmación, se requiere de estudiar y practicar este reconocimiento bajos los estándares del cargo para dominar la entrevista, estado que facilita acciones contrarias al ser desde la inducción.

Al mantener ese proceso activo en el medio laboral, se garantiza el sometimiento del ser a la estructura social, y las disfunciones físicas y mentales que se observan como producto de esta realidad, de alto impacto en los seres vivos de la especie. Esta dinámica es tan agresiva, como la que se emplea en los medios de comunicación, con las noticias amarillistas constantes para el mismo fin de socavar al ser.

Contrario sentido, las recomendaciones, de los expertos en recursos humanos, señalan la necesidad de la preparación previa a la entrevista, de conformar la personalidad adecuada para el cargo al cual aplicamos, y los demás elementos para tal fin. Pues, la pretensión del proceso es conocer al aspirante en lo pertinente, lo mejor posible.

Lo usual, como resultado de la aplicación del instrumento, es que los extremos de la comunicación (reclutador-entrevistado), por los intereses encontrados que requiere la selección, y la competencia, acudan a una realidad inexistente, falacias, que no garantizan la finalidad propuesta, ya que como apreciamos los individuos no se conocen, no han explorado su diálogo interno, viven en reacción de lo externo, como se apreció en el caso de Matías ya relatado.

LA ENTREVISTA

Por lo tanto, la propuesta de este libro, para continuar avanzando en lograr la unidad del ser, es acudir a la entrevista de este ente especial, en toda su amplitud, exploración mas concienzuda, en nuestro interior, podemos preguntar y ahondar incluso en los mismos aspectos que se requieren en el plano laboral, pero, ahora, con la finalidad de estructurar un sólido proceso de autoconocimiento, complementado con las evidencias del análisis de la hoja de vida; estas dos poderosas herramientas asociadas para este fin, derivan en doble dirección entrada y salida de la autobiografía, por ello, su importancia.

Apreciemos su impacto práctico, en la siguiente versión:

Francisco, 34 años de edad, desea laborar como instructor de una entidad del Estado que orienta profesionalmente a jóvenes bachilleres, en el campo de la gastronomía, en donde se ha desempeñado como independiente

LA ENTREVISTA

trabajando para varios y reconocidos restaurantes de la ciudad. Ya ha remitido su hoja de vida.

Francisco, ha avanzado en la unidad de su ser, empleando el análisis de su hoja de vida, y gracias a ello, este giro en su desempeño es resultado de ese insight, es decir, dejo su trabajo como Chef de los restaurantes y ahora busca empleo en su pasión, la educación.

Sin esperar resultado alguno, de su aplicación, conoce de las bondades de la entrevista al haber leído este libro, decide profundizar en la unidad de su ser para desprogramarse por completo, y alcanzar la presencia, el despertar total y la renovación, en total alineación con el universo, por las bondades que sabe derivan de este ejercicio de vida.

Acude para facilitar el proceso, a realizarse las mismas preguntas de un reclutador, en este instante para su ser:

En su diálogo interior expresa:

LA ENTREVISTA

Soy un ser maravilloso, hablar de mí implica reconocer la satisfacción que habita en mi espíritu, a lo largo de mi vida he sido suficiente en cada situación que he afrontado.

Había olvidado la gratitud que tuve hacia mis padres, el afecto que entregue a mi familia; como manifestación de amarme a mí.

El entusiasmo guió cada proceso académico que afronté; escogí con éxito mi vocación, la gastronomía, desde mi primera infancia el contacto con la cocina, los alimentos, su cuidado, su manejo, disposición y compra me han fascinado.

La honestidad ha sido mi directriz de existencia, en los ambientes en donde me he desempeñado, se ha puesto a prueba, este valor y mi dignidad. He encontrado seres que no están dispuestos a negociar esta virtud, junto a mi responsabilidad, dones que expresan mi naturaleza en esencia.

LA ENTREVISTA

Hablar de debilidades y fortalezas, es contrariar mi ser, soy la perfección del universo, por eso estos conceptos no hacen parte de mi vida.

He aprendido a vivir en el presente, en este instante, en este momento vital, ha sido un aprendizaje, una ruta, que comencé a apreciar por sus bondades a los 20 años, cuando ingrese a una afamada escuela culinaria, pero al año de entrenamiento, mi ser me dijo que abandonara, se había distanciado, y eso no me gusto, las vanidades del dinero me trataban de penetrar como programación, pero no le di oportunidad.

La vida no es en blanco ni negro, no es de grises, no es de negativo o positivo, solamente es de ser, del color del día, del momento presente, y este no ofrece sino diversidad, lo demás es pura inducción que se encuadra en el programa de la vida del consumo, a esa conclusión me ha llevado el ser.

LA ENTREVISTA

Soy yo, se lo que me gusta, se lo que me fascina. Se como relacionarme con otros seres, amo la vida, y amo a los demás seres, he aprendido la gratitud, el perdón, reconozco el universo y el ser en unidad.

He vivido con otros seres, experiencias diferentes, cada una con un especial recuerdo, respeto su interior, su diálogo con ellos, los percibo, los siento, me siento, y siento; no me preocupa nada, me ocupo de la vida del placer del momento, del instante, de la bondad que me brinda siempre llena de oportunidades.

Estoy pleno, la confianza me dirige, mi preferencia por la educación obtendrá el beneficio de ser instructor como mi corazón lo indica.

No hay duda, un ser que se expresa de sí mismo, de esta manera, fluye en el universo en unidad, sin conflicto. Espero amigo lector usted, siga el mismo camino de paz y serenidad.

LA AUTOBIOGRAFÍA

"El camino al Bienestar total"

Finalmente, llegamos a donde queríamos estar, en el presente.

Todos somos elegidos para aprovechar esta maravillosa oportunidad.

Desde, este instante, en el momento, es donde se valora la plenitud de existir, y de ser, aquí es donde elaboramos nuestra propia biografía.

El hábito de la programación realiza este ejercicio usualmente cuando el individuo ha partido a otra dimensión existencial.

Pocos retratos biográficos desnudan el interior del ser, porque lo desconocen, relatan los hechos de su vida, desde el exterior y en ese proceso, un engaño más.

Al realizar, este camino auto-biográfico que proponemos, podemos extendernos cuanto queramos, tomar todo el tiempo que deseemos, idealmente debería ser una dinámica desde la infancia, como un diario, y de allí conformar hoja de vida, y entrevista un reto simple y sencillo, ya que, dominaremos, el conocimiento profundo del ser.

Rara vez se hace de esta manera, pasamos de largo cada día, no percibimos sino la realidad que crean las sentidos y la mente con sus grandes limitaciones, en la exposición a lo externo, solamente vemos lo que desean que veamos.

Por eso, no apreciamos la belleza de la naturaleza, ni la de otros seres, y tampoco la nuestra, a lo largo de la vida.

También, en la programación inconsciente nos parece que la vida de los demás, en su conjunto, lo amable y lo menos agradable, es casi un punto de perfección; pero, lo propio no lo visualizamos de la misma forma.

LA AUTOBIOGRAFÍA

Elaborar nuestra biografía es muy simple, más sencillo que elevar la hoja de vida (CV) o la entrevista; la biografía es su vivencia (la mía) su expresión, es mi cotidianidad, siempre espectacular, llena de éxito y bienestar, cada paso, cada momento, cada instante valioso, con todos los matices que la vida nos da.

Implementarla atrae un poder enorme, que nace y vive con nosotros, pues, somos un segmento de la unidad, del prodigio de lo universal, y al reconocerlo, tomamos consciencia, despertamos, y en la medida, de este auto-reconocimiento, nace un ser renovado, diferente al anterior, lleno de bienestar físico, mental, emocional, y hasta económico.

La auto biografía puede iniciar tan pronto usted termine de leer este libro, es presente, sus memorias serán presentes, su percepción presente, las evidencias presentes, los hechos presentes, la razón usted los elabora ahora, aquí, en este momento, en este instante, y esa acción la valora el ser con la plenitud en todo

LA AUTOBIOGRAFÍA

sentido, nada es recuerdo, nada es pasado, nada es futuro, todo el paquete es ahora, la consciencia del momento dicta la realidad.

Debe planearse el documento, si usted lo desea hágalo; debe constar por escrito manual o digital, si lo desea hágalo; debe cuidar la redacción, sí, las palabras han sido un inductor de programación en su vida, por lo tanto, vale la pena demostrar ahora el profundo y sincero amor y afecto que tiene por usted, es la oportunidad de oro; debo archivarla, si lo desea hágalo, yo sugiero, improvisar, cada día la experiencia la debe dictar el corazón y no la mente, deje expresar su ser, insisto desde el corazón.

Se puede abandonar, y dejar la biografía a un lado, si, no es una camisa de fuerza; puede recurrir a ella cuando sienta confusión.

Se puede compartir, claro que sí, usted es fuente, usted es universo como lo soy yo, otros seres pueden enriquecerse, y contribuir a su bienestar en el proceso. La hoja de vida y la entrevista se surten de su contenido, y usted los comparte con las organizaciones, no pasa nada, es maravilloso.

Este instrumento de vida, conduce de manera espontánea a la quietud, a la reflexión, nos protege de los pensamientos basura, concentra la mente en lo valioso, dirige las decisiones de la mente desde el corazón con ciento por ciento de éxito, facilita la aceptación, elimina las limitaciones y restricciones de la vida, incrementa la percepción de los sentidos, acercándonos a la vida en abundancia.

Este documento no requiere de ninguna técnica, solamente comenzar, luego el ser lo guiará.

EXPERIMENTE, NO SE *ARREPENTIRÁ:*

"… caminé hacia el trabajo, cuarenta minutos, en el camino me tome un vaso de jugo, estaba delicioso, pero la empanada mejor.

LA AUTOBIOGRAFÍA

Hacía mucho tiempo que no saludaba ni sonreía con tanta gente desconocida, y muy joven.

Parecía que iba a llover, pero en un instante se aclaro y el sol salió pleno.
No fue lo único que se aclaro, hice el cierre del negocio de venta de la cafetería, con un abono del 50 por ciento.

Planeaba almorzar lo de costumbre, pero, a la salida de la oficina me encontré con un amigo del barrio y me invito, el pago la cuenta.

En la tarde llame a tres clientes y todos me contestaron, no concerté ningún negocio, pero realice mi primera aproximación, eso es un éxito.

Me relaje tanto, que decidí irme a ver una película, invite a mi esposa pero no quiso, pero tampoco se opuso. Me divertí mucho.

LA AUTOBIOGRAFÍA

A las 9:00 pm volví a casa, compartí con mis hijos y me dormí cansado y pleno en la sala.

Me desperté a las 12 pm, y no pude dejar de llenar mi biografía, estoy feliz."

EPÍLOGO

Su deseo de ser pleno, consciente, libre, y feliz, en completo y total bienestar físico y mental, ha sido el objeto de este libro, el camino alcanzar un ser y espíritu renovado sin conflictos.

La ruta ha sido sencilla, usted ha elaborado y surtido su propio proceso de selección y reclutamiento pero para su ser, confrontado con el laboral, le ha realizado su hoja de vida (CV), su entrevista y finalmente su biografía, este suceso ya encamina felicidad y bienestar.

La disociación del proceso en lo laboral, que nos lleva a mentir, sufrir, esperar y no siempre obtener el resultado que deseamos, en el cargo para el cual aplicamos, se explica con detalle; ahora desde nuestra arista, usted puede ser exitoso sin ese camino de nervios y sufrimiento como hemos destacado.

El destino final es alcanzar el éxito en su vida, manifestado en el presente, realizar su autobiografía será el camino más expedito, la experiencia es maravillosa.

www.ingramcontent.com/pod-product-compliance
Lightning Source LLC
Chambersburg PA
CBHW050246220526
45465CB00002B/567